SOUVENIRS

DE

L'ITALIE.

Par M. AUBERT DE LINSOLAS.

PREMIÈRE LIVRAISON.

Avignon,

RASTOUL, IMPRIMEUR-ÉDITEUR.

PLACE PUITS DES BOEUFS, n° 4 et 5.

1835 — 1836.

V.t de Lemaitre sc.   ALBERGO DE' POVERI A GENES .   *Lith. de Seguin ainé.*

LUNGARNO DE PISE.

AMPHITHEATRE DU JARDIN ROYAL DE BOBOLI.

N. de Courtois del.

Lith. de Mégry

A de Linclas de.

PLACE DU DÔME A PISE.

Lith. de Seguin ainé à Avignon.

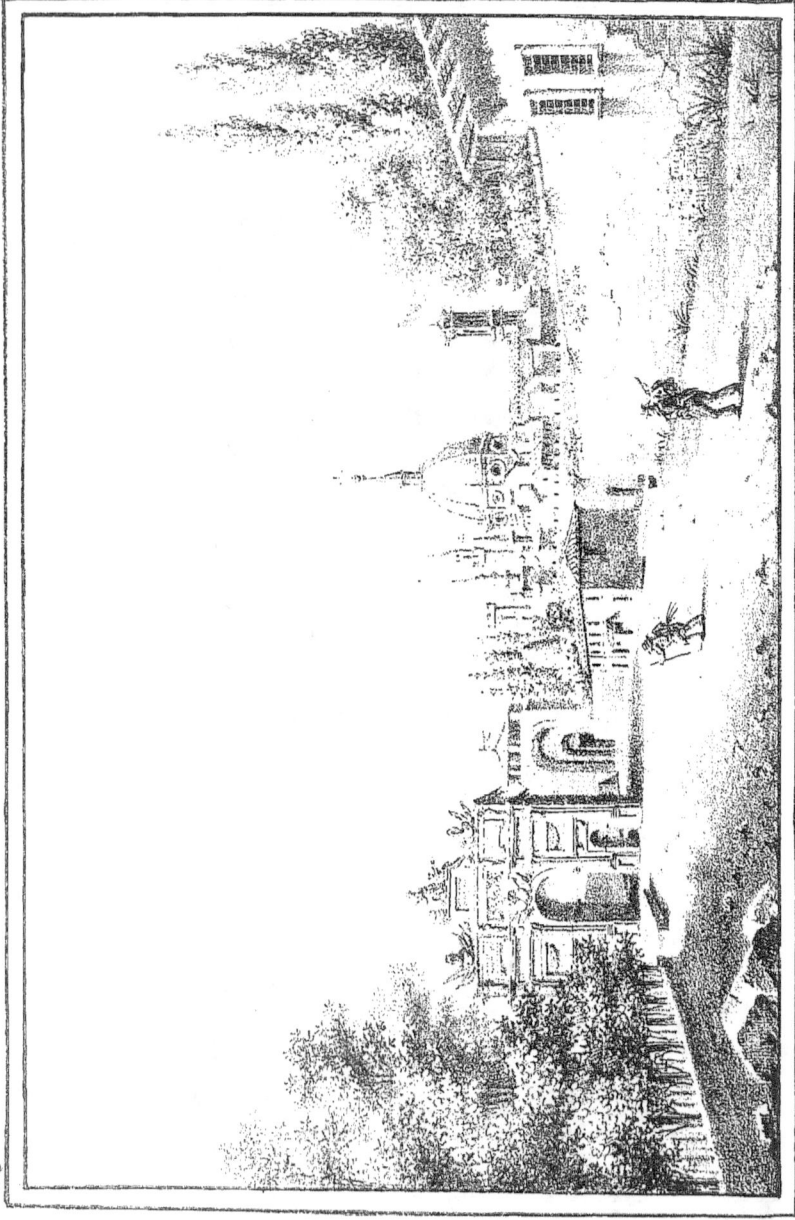

ENTRÉE DE FLORENCE PAR LA PORTE S.t GALL.O.

A. de Grailly del.

Lith. de Magny.

EP 6

J. et Linotes d.t

Lith. de Siguin ainé.

PLACE DU DÔME A FLORENCE.

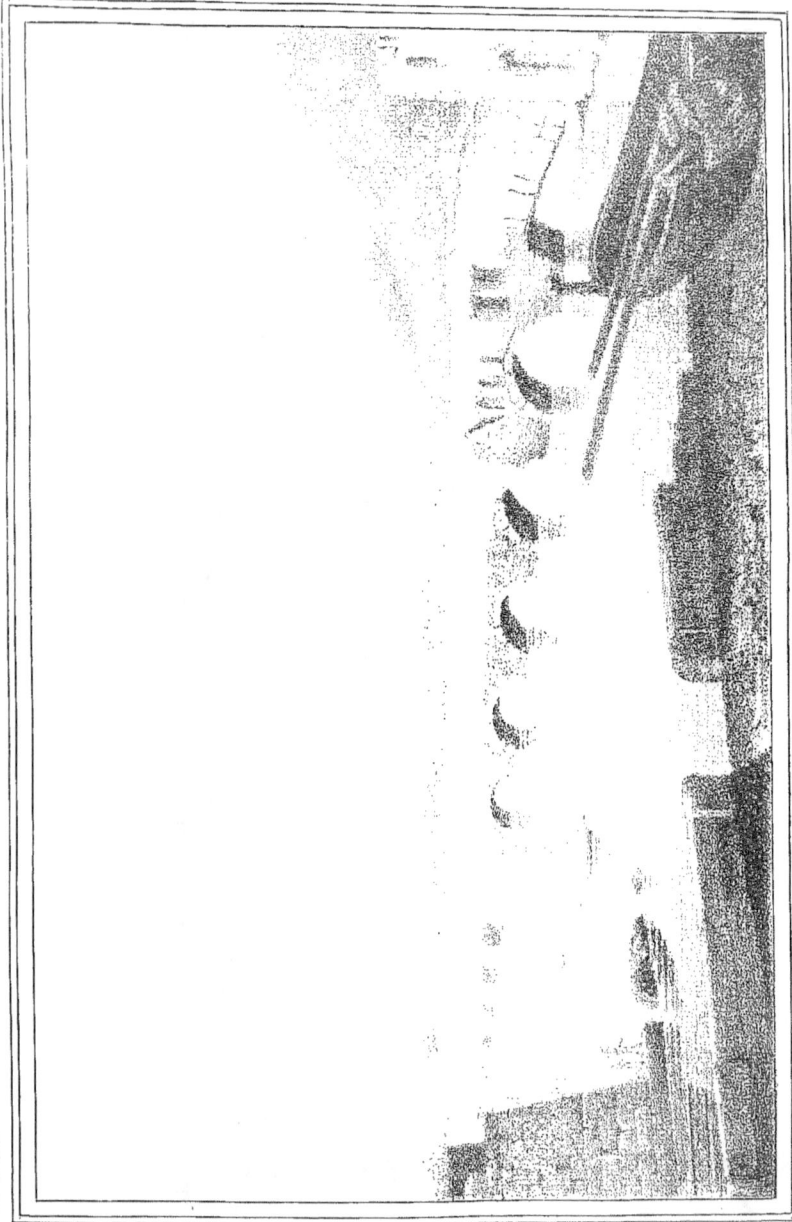

A. Ch. Linneford. del.

L'Ainey. J. Director.

RESTES DU MÔLE DE POUZZOL DIT VULGAIREMENT PONT DE CALIGULA.

T. 6. N.

VUE DE L'EFFET DE L'EFFROI ET L'INTÉRIEUR DU TOMBEAU DE VIRGILE À NAPLES

A. de Laborde direxit.   Lithog. de Brisson.

No. 58.

T. de Snichorse del.   *Lithog. de Brisous.*

EGLISE DE LA CHAPELLE AUX CHIENS

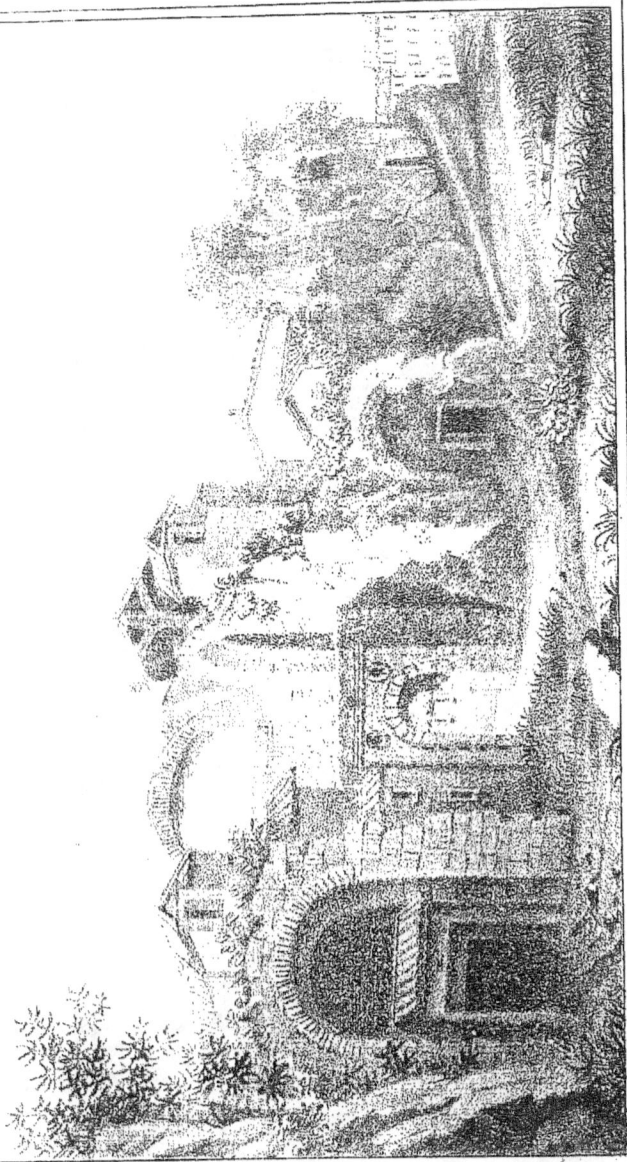

A di Linvelos dis.

Lith di Mizzini

AUTRE VUE DES THERMES DE DIOCLETIEN AVEC L'ENTREE PRINCIPALE de la CHARTREUSE.

VUE PRISE SUR LE MONT PALATIN.

Nº 51.

ROCHE TARPEIENNE.

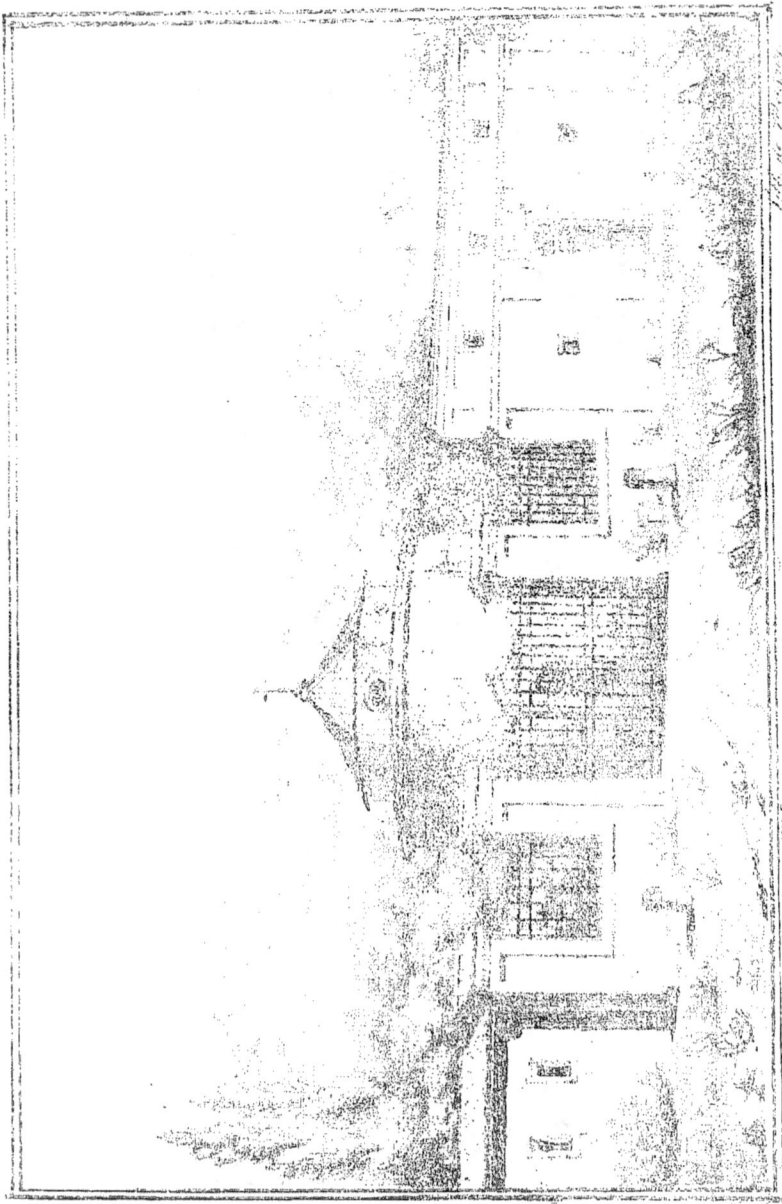

UNE RUE DE PARIS ACTUEL, PRISE DE L'ANCIEN TEMPLE DE LA PAIX.

EGLISE DE MÉTELIN

At. de Linsolas, del.

Lith. de Tiquin ainé à Avignon.

Place du Grand Duc à Florence.

Lith. de Seguin ainé à Avignon.

N.º de Linvolas d.º

Entrée de la Grotte de Pausilipe, par le coté de Naples.

Le Colisée à Rome.

Le Colisée à Rome.

N.º de Linvolas de ... lith. de Seguin ainé à Avignon.

Entré de la Grotte de Pausilipe, par le coté de Naples.

Litho de Gegnin ainé à Avignon.

F.d Luncetas d'après Pinelli.

Groupe de Mariniers sur le Môle de Naples, écoutant les chants de la ritournelle déliarée.

F.ᶜ de Linoles d'après Pinelli. — *La Sérénade des Pierrots à la Mont...*

Tête de Séguier aîné à Avignon.

Lith. de Seguin, rue à Avignon.

Restes d'un ancien édifice dit vulgairement le Tombeau
d'Agrippine à Brüis.

CASCADE A TIVOLI.

Lith. de Seguin ainé a Avignon

L.t de Linvelos d.t

Partie de la Côte du Pausilippe au-dessus de la grotte du même nom.

Villa Reale à Naples.

Restes des thermes de la Villa Adriana.

A.t. de Linsolas del.   Lith. de Seguin ainé à Avignon.

Cascatelles de Tivoli.

F. de Limoles d?

Lith. de Segun aîné a Avignon.

Métairie de la villa Borghèse.

A... Passebs.f lin   Lith. de Seguin ainé.

Chapelle de la villa Borghese.

St. de Linsolas del.

Temple des Carrères.

lith. de Seguin ainé a Avignon.

Grotte de la Nymphe Egérie

Lith. de Seguin ainé à Avignon

A. de Bauvun del. — *Lith. de Frymin ainé*

débris du palais des Césars

Le Panthéon d'Agrippa.

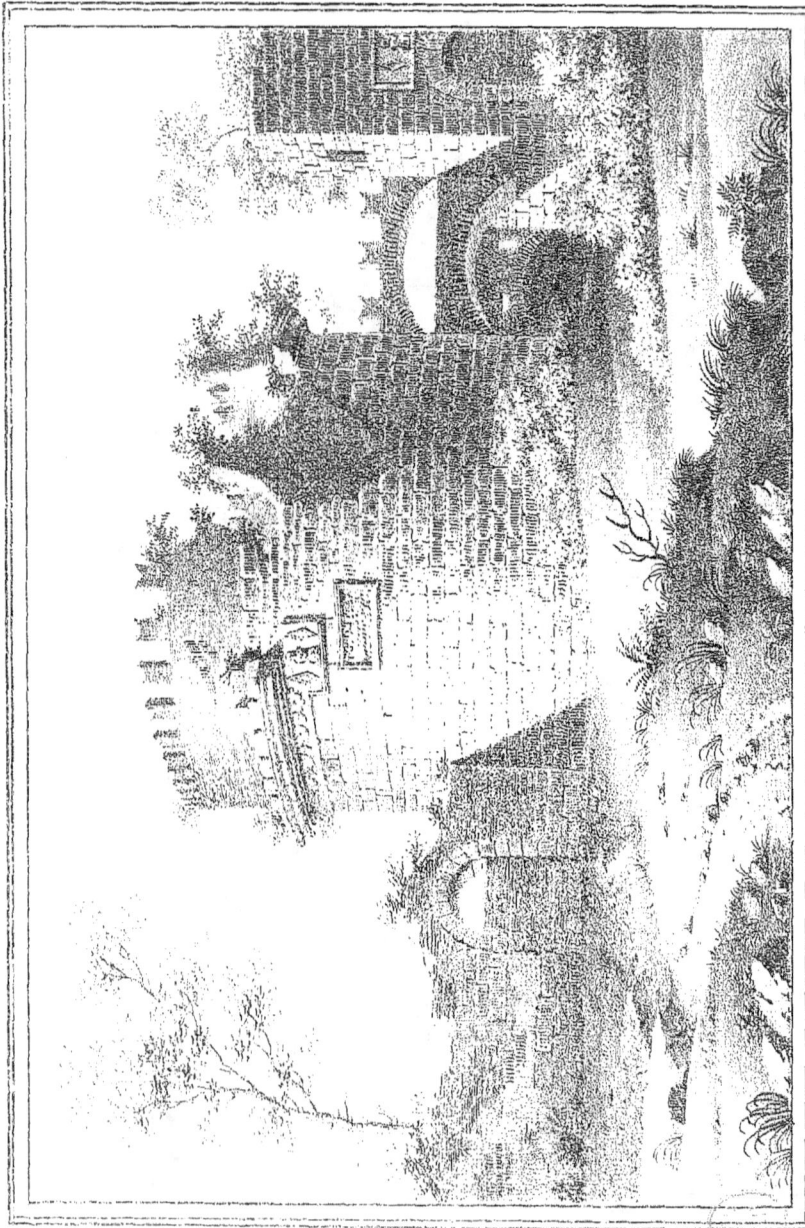

TABLEAU DE CECILIA METELLA.

J. L. Linolas d.   Lith. de Frguen ainé

TEMPLE D'ISIS A POMPEIA.

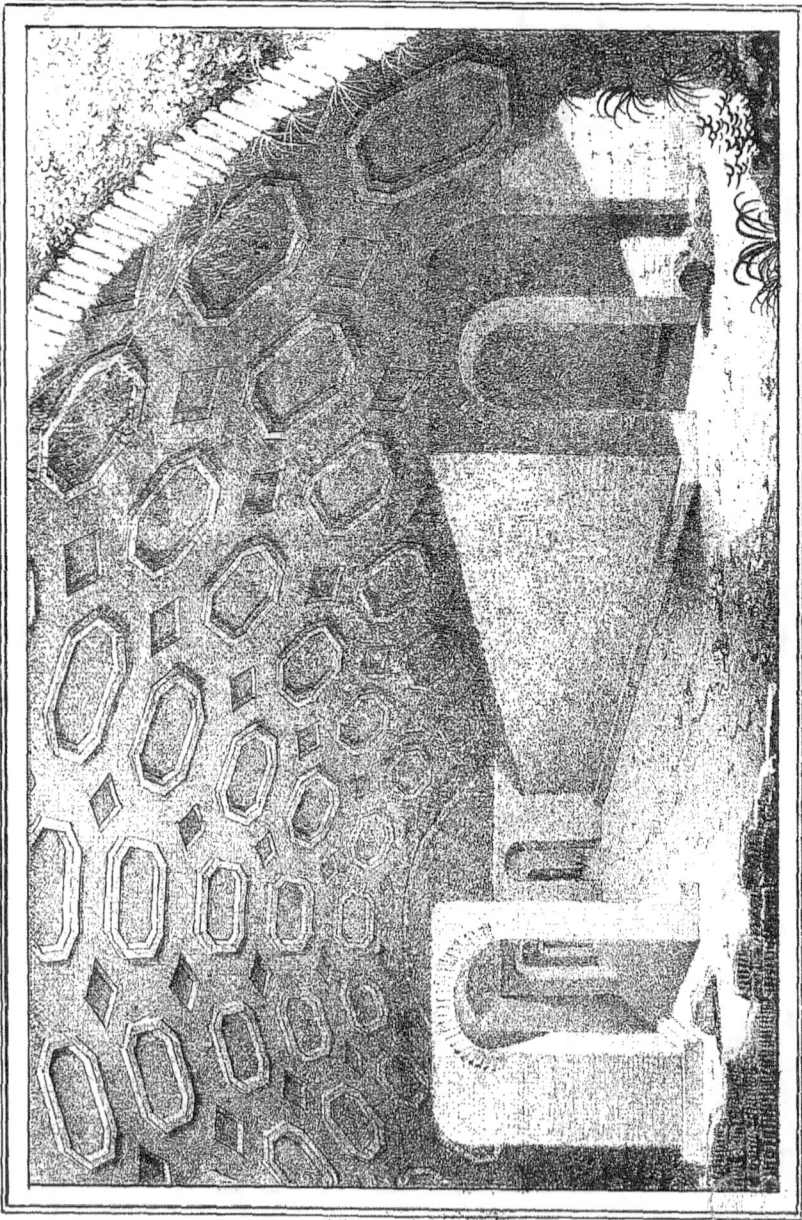

N.is Lainolin de. Entrée des Bains de Néron dits vulgairement Stuffa di Tritoli.

A. de Jinselio del.   RESTES DU TEMPLE DE SERAPIS A POZZUOLO.   Lith. de Jequin aîné.

A.l de Linclos d.t.   Lith de Seguin ainé.

FÊTES DU TOMBEAU DE VIRGILE.

LE MONT VÉSUVE

LAC D'AMBRE.

At de Linsolas del.   *Lith. de Seguin ainé à Avignon.*

Intérieur des Arènes de Pouzzol avec la Chapelle de St Janvier.

Chute du Vellino près de Terni.

A. de Lemetas del.   Lith de Leguay, rue d'Avignon.

Mont Catullus près Tivoli.

Autre vue du Casino de la villa Borghese.

A.º de Linoltes d.º

Litho.ie Lemercier aine à Avignon.

VILLA TAVERNA A FRASCATI.

ANCIEN PORCHE DE L'ÉGLISE D'ASCHEL

N° 85

Natatorium de la villa adriana.

Fº de Linas las direziò   Lith de Magny.

VUE DE CIVITA CASTELLANA.

LES SOUVENIRS DE L'ITALIE

Formeront deux volumes in-8°, papier vélin satiné, édition de luxe, avec plus de quatre-vingts planches lithographiées, même format in-8°. Elles sont toutes terminées et réunies au bureau de l'*Écho de Vaucluse*. A dater du 20 septembre il paraîtra chaque dimanche une livraison de seize pages de texte et de deux planches, 30 centimes chaque livraison : l'ouvrage entier, composé de 40 à 50 livraisons, coûtera douze francs.

Avignon, chez l'éditeur, Place puits des Bœufs, 4 et 5; et chez tous les libraires de France et de l'Étranger.

TABLEAU D'AVIGNON,

Par Alphonse Rastoul.

Un beau volume in-8°, paraissant par livraisons détachées, de 32 pages et une planche tous les dimanches.

PRIX 30 centimes.

Place puits des Bœufs, 4 et 5.